Josef Pollhammer

Die Protestanten von Salzburg

Josef Pollhammer

Die Protestanten von Salzburg

ISBN/EAN: 9783743415195

Hergestellt in Europa, USA, Kanada, Australien, Japan

Cover: Foto ©Lupo / pixelio.de

Weitere Bücher finden Sie auf **www.hansebooks.com**

Die
Protestanten von Salzburg.

——✦——

Eine Erzählung
aus der Zeit des „Salzbundes" 1730 – 1731.

Von

Josef Pollhammer.

Wien.

Druck und Verlag von Carl Gerold's Sohn.

1890.

Der

Frau Emilie Freiin von Binzer

gebornen von Gersau

in alter Verehrung gewidmet.

Sie haben in Ihrer Jugend Jean Paul kennen gelernt, haben mit Freiligrath, Uhland, Zedlitz, Grillparzer und mit dem unglücklichen Erzherzog Maximilian in innigem literarischen Verkehre gestanden. Ihr verstorbener Gatte hat als nationaler Dichter sich einen bleibenden Namen in unserer Literatur erworben, insbesondere als Dichter und Componist des Liedes: „Wir hatten gebaut ein stattliches Haus" und anderer Lieder, die in den Studenten - Liederbüchern verewigt sind. Sie selbst haben als Dichterin unter dem Namen Ernst Ritter sich bleibenden Ruhm erworben. Ihnen, hochgeehrte Frau, widmet dies Büchlein in Erinnerung an viele schöne Stunden, die er in Alt-Aussee bei Ihnen zugebracht,

Der Verfasser.

Erster Gesang.

Des Vaters Segen.

Entsprungen in dem Felsenschlund,
D'raus sprudelnd seine Wasser quellen,
Senkt sich der Bach in klaren Wellen
Hinunter nach des Thales Grund.
Bald zieht er schlängelnd hin am Walde,
Und windet sich in lichtem Schäumen
Durch eine freie Bergeshalde,
Darauf, umschirmt von hohen Bäumen,
Ein einsam still Gehöfte liegt,
Um dessen Rand er kreisend biegt.
Die Lüfte spielen mit den Zweigen,
Die sanft sich heben und sich neigen,

Die Protestanten in Salzburg.   1

Indeß manch' tief gebeugter Ast
Mit seiner Früchte reicher Last
Sich auf den Saum des Daches stützt.
So ruht, vor Stürmen wohl geschützt,
Das alte Haus auf fester Mauer,
So schaut' es in ehrwürd'ger Dauer
Seit vielen Jahren das Geschick,
Das seine Wohner wechselnd traf,
Vom ersten holden Kindesblick
Bis zu dem tiefen Todesschlaf.

Wie hell die Abendsonne heut'
Ihr Licht noch auf die Wipfel streut!
Sie malt der Wiesen Sommergrün,
Die Blumen, die am Felde blühn,
Den vollen Strauch, der Zäune Flieder,
Und scheint in mildem, ernsten Glühn
Auf eines Greises Antlitz nieder,
Der im Genuß der Abendruh'

Bedächtig wankt dem Hause zu,
Und in die Hand den Stab gepreßt,
An seiner Thür sich niederläßt.

Gefurcht ist seine Stirn' und fahl,
Und trüb und matt der Augen Strahl,
Vor dem, gehorsam der Natur,
Im raschen Flug von Jahr und Jahr
Manch' holdes Bild erloschen war.
Das Schicksal ließ ihm einzig nur
Den Sohn von edler Wohlgestalt,
Dem noch die Kraft der Jugend eigen,
Dem voll das Haar die Stirn' umwallt.
Er steht bei ihm in tiefem Schweigen;
Es fliegt sein Blick nach Berg' und Wäldern,
Und nach des Thales gold'nen Feldern,
Die segenreich die Aehren neigen.
Dann tönt es ernst aus seinem Mund:
„Ihr sagtet, Vater, von dem Bund,

Den uns'res Glaubens Leidgenossen
Zum Schutze vor des Bischofs Macht
Im Salzathal bei dunkler Nacht
Vereint zu gründen sich entschlossen.
Wie seltsam ist der Zeit Getriebe,
Daß sie das Lamm zum Wolfe schuf;
Der Mann, der nach der Gottheit Ruf
Und nach der heil'gen Pflicht der Liebe,
Die seine Worte stets verkünden,
Nur Frieden soll und Glück begründen,
Er strebt mit teuflisch bösem Sinn
Nach Blut und schändlichem Gewinn.
Und doch – wie viel uns auch betroffen,
Mein Herz will noch das Gute hoffen.
Oft drückt mich Nachts die Sorge nieder,
Dann will es mir zu Muthe sein,
Als wär' das Alles Traum und Schein,
Davon uns beim Erwachen wieder
Das Licht der Sonne muß befrei'n." —
Wie diese Worte still verklangen,

Da röthen sich des Greises Wangen:

„O Heinrich, laß den Trost verwehn!

Die Herrscher sind doch Menschen nur,

Wie hoch sie auch auf Erden stehn;

Und wenn sich einmal die Natur

Dem bösen Hange zugewendet,

Geht weiter sie auf seiner Spur,

Bis Gott den Tag der Rache sendet.

Es liegt auf ihr des Himmels Fluch,

Der schon beginnend im Versuch

Sie fort zum Widerstande treibt,

Bis der Vernichtungskampf entbrennt,

Die Hand nur Mordbefehle schreibt,

Die Willkür keine Grenzen kennt,

Die Waffen endlich zum Verderben

Mit Blut des Landes Boden färben.

Hast Du vom Kriege nicht gehört,

Der dreißig Jahre hat gedauert,

Der so viel Gutes hat zerstört,

Darob das Reich noch heute trauert,

Dem nur die allgemeine Noth
Am Ende stillzustehn gebot? —
Wie ernst der Friede war gemeint,
Das zeigt der Sinn, der böse blieb,
Und was man dort in Münster schrieb,
Wir haben hier es oft beweint.
Und nur am Anfang stehn sie nun;
Es zieht ihr frevelhaftes Thun
Sie fort und fort auf finst'ren Bahnen,
Daß sie Vernunft und Herz verlieren.
Wo sie die Gottesschrift nur ahnen,
Da reißen sie, gleich wilden Thieren,
Die Menschen aus dem stillen Haus
In Sturm und dunkle Nacht hinaus,
Und schleppen sie zum Hochgericht,
Und schließen sie in Kerker ein,
D'rin Jahre lang in grauser Pein
Sie schmachten ohne Luft und Licht,
Die Hand gezwängt in schweren Ketten,
Aus denen Gott sie mag erretten.

Und also wird es uns ergehn.

Das Blut, das sie nun einmal kosten,

Läßt ihre Schwerter nimmer rosten,

Sie wollen uns vernichtet sehn.

D'rum haben sich die Männer all',

Die uns'rer Lehre Trost genießen,

Zu hindern unsern letzten Fall,

Vereint, den festen Bund zu schließen,

Und das Gebot, das wir uns geben,

Geloben eidlich wir zu halten;

Es soll ob unserm ganzen Leben

Gleich einem Schicksalspruche walten.

Doch nicht der Rache ziehn wir nach,

Denn das Verlor'ne zu gewinnen,

Ist uns're Macht zu klein, zu schwach.

Wir können, was wir auch beginnen,

Die Todten nicht im Grab erwecken,

Und manches Band, manch' heilig Joch

Hält uns an Roms Bekenner noch.

Auch soll uns nie ein Mord beflecken! —

Doch daß wir in der Zeit Gefahren
Vor der Gewalt der Henkersknechte
Uns Weib und Kind und Gut bewahren,
Das ist die Pflicht nach altem Rechte
Und nach dem Wort der Gottesschrift,
Die uns zuerst, die M**ner, trifft.
D'rum wandle hin mit meinem Segen,
Er leite Dich auf Deinen Wegen,
Und sprich im Bund an meiner Statt.
Du trägst in Dir den festen Muth,
Den frischen Sinn im jungen Blut.
Mein Sinn ist schwer, mein Auge matt!" —
Der Alte schweigt, und Heinrich spricht:
„Nun kenn' ich, Vater, meine Pflicht.
Wie dank ich Euch für das Vertrau'n!
Seht, dieser Arm bleibt Euch geweiht,
Dies Auge wird für Euch nur schau'n,
Es wird in diesen wilden Tagen
So lang mir Gott das Leben leiht,
Dies Herz zu Eurem Schutze schlagen."

Da richtet sich der Greis empor,

Den Blick zum Himmel aufgewendet;

Vom tiefsten Herzensgrund gesendet,

Drängt sich der Thränen Flut hervor,

Die auf des Sohnes Antlitz fallen.

Er spricht, der Stimme fast beraubt:

„So walte Gott mit Dir und Allen!"

Und legt die Hand auf's junge Haupt.

Nun rauscht es leise durch den Sand

Von einem sanften Schritt einher,

Es naht dem Hause mehr und mehr,

Und jetzt, den Krug in leichter Hand,

Erscheint an des Gehöftes Rand

Ein schönes, holdes Mädchenbild;

Die blauen Augen groß und klar,

Ein Wellengold das blonde Haar,

Und von den Lippen kindlich mild

Tönt ihrer weichen Stimme Fluß

Zu Heinrich hin den Abendgruß.

Da flammt es auf in seinen Blicken,
Er springt empor mit Blitzesschnelle,
Die Wangen glühn in Purpurhelle. —
Der Alte dankt mit leichtem Nicken,
Und wendet langsam sich zur Schwelle.
Bald faßt sie Heinrich an der Hand.
Es sinkt die Sonn' am Felsenrand;
Sie färbt die Wolken und die Spitzen,
So daß die Strahlen wunderbar
Im Wiederschein auf's gold'ne Haar
Des lieblichen Geschöpfes blitzen.

Zweiter Gesang.

Am See.

— ..

Der Glocken erste Klänge hallen
Herüber an den Felsenteich,
Die Lüfte wehn so mild und weich,
Daß leise nur die Wasser wallen,
Und steigend in des Morgens Wärme
Zum Himmel ihre Dünste ziehn.
Am Ufer streift die Schwalbe hin,
Durchkreuzend alle Mückenschwärme,
Indessen hoch im klaren Blau
Der Adler über Felsen schwebt,
Und Bergeshöhen, Wald und Au
Ein zauberhaftes Roth umwebt. —

An einem moosbedeckten Stein,

D'rauf noch des Thaues Schimmer glänzt,

Von jungen Fichten halb umkränzt,

Weilt Heinrich mit Marie allein.

Es malt sich in der Beiden Blick

Der Erde wonnigstes Geschick,

Die Morgenlust der jugendschönen,

Für unser Dasein gold'nen Zeit,

Da durch den Busen gottgeweiht

Des Glückes hellste Saiten tönen.

Beseligt in dem süßen Bund

Umschlingt er jetzt ihr volles Haar,

Und drückt den Kuß auf ihren Mund,

Der Liebe heiligen Altar.

Und wie dem Auge durch die Flut

Der Grund des Teiches klar erscheint,

Wenn unverwandt der Blicke Glut

Auf seinen Spiegel sich vereint,

So will sich Seel' in Seele tauchen,

Bis endlich es die Zunge drängt,

Die Wonne, die das Herz umfängt,
Im Klang des Wortes auszuhauchen.
Allein was kann die Zunge geben,
Wenn Seelen in einander weben?
Da bleibt die Sprache kalt und leer.
Nur Einen Laut verleiht dies Glück:
„Ich liebe Dich" — und keinen mehr,
Sinkt wieder dann in's Herz zurück.
Ein Wort, so klein, um zu verkünden,
Was eines Menschen inn're Welt
In ihren tief geheimsten Gründen
Gleich einem Strom von Licht erhellt;
Und doch — es tönt dies kleine Wort
Durch alle Zeiten fort und fort;
Es trägt, was auch die Leidenschaft,
Was auch, von Gottes Hauch erfüllt,
Des Denkers Geist dem Sinn enthüllt,
In sich der Sprache vollste Kraft. —

Das Tageswerk beginnt den Lauf,
Die Wagen rasseln, Schnitter ziehn,
Manch' Schifflein fährt im See dahin,
Es pflügt die leichten Wellen auf;
Des Hirten Morgenlied verhallt,
Und von dem Fuß des Berges wallt
Ein grauer Nebelstreif empor,
Der bald vereint, und bald zertheilt,
Am Gipfel als ein dichter Flor,
Ein Bote des Gewitters weilt.

Des Tages lärmendes Getriebe
Entfaltend sich in Haus und Feld,
Mit seiner Jagd nach Gut und Geld,
Es ist der alte Feind der Liebe,
Der unerbittlich sie bedroht.
Auch Heinrich hört sein Machtgebot,
Er weiß, daß auch auf seiner Bahn
Ein Ungewitter drohend steht,

Gefährlicher als der Orkan,

Der brausend die Natur durchweht,

Die nach dem wilden Wolkentanze

Besänftigt sich zur Ruhe neigt,

Und sich im reinsten Abendglanze

In frischem Grün dem Auge zeigt.

Wie auch der Liebe süßer Tand

Sich lockend um die Sinne flicht,

Er tritt zurück, fährt mit der Hand

Sich an die heiße Stirn, und spricht:

„Maria, sieh, ich weiß es nicht,

Wie ich das Glück verdienen soll,

Das mir des Himmels Gnade schenkt.

So wunderbar, so segensvoll

Hat es sich in mein Herz gesenkt.

Doch weiß ich, daß es also ist;

Und wie mein Lieben tief und wahr,

Und wie Du ganz mein eigen bist,

Es ward uns Beiden offenbar.

Nun, weil es Gott so hat gefügt,

Daß uns kein blinder Glaube trügt,

Muß unser Schicksal Eines sein

In Glück und Unglück, Lust und Pein.

Nun hör' mein Kind, die erste Stunde,

Die uns das Glück, seit es erschien,

Um sie zu weihen unserm Bunde,

So ganz und ungestört verliehn,

Sie bringt uns schon des Kummers Bürde,

Der ja, wenn länger aufbewahrt,

Mit seiner bösen Gegenwart

Uns schwerer nur erscheinen würde.

Du weißt, in unserm Heimatland

Vereint uns kein gesetzlich Band,

Und nicht der Kirche Gottessegen

Wird Deine Hand in meine legen.

Und dann, Maria, darf ich's sagen?

Soll mich der Tod in diesen Tagen

Was Gott verhüten mag, ereilen,

Folgt mir kein Priester, folgt kein Licht;

Auch darf im Grab' ich einstens nicht
Der Erde Frieden mit Dir theilen. —
Doch eh' dies Alles noch geschieht,
Wirst Du vielleicht erfahren müssen,
Daß mich hinweg von Deinen Küssen
Des Bischofs Wort gewaltsam zieht,
Daß ich den Wanderstab ergreife,
Dann mit dem Vater, arm, verbannt,
Durch fremde Länder irrend schweife:
Du weißt, ich bin ein — Protestant!"

Maria schlägt die Blicke auf,
Die während seiner Rede Lauf
Still sinnend nach der Erde sanken;
Ihr tiefer, milder Ernst erschließt
Die Fülle lieblicher Gedanken,
Die sich durch ihre Seele gießt.
Erröthend schmiegt sie sich an ihn,
Und haucht verschämt die Worte hin:

**

„Ich wollte, Heinrich, nicht durch Fragen
Den Frieden dieser Stunde stören,
Befürchtend, daß ein leises Klagen
Du in den Worten könntest hören. —
Welch' Leid und nie empfund'ne Schmerzen
Hab' ich in jener Nacht erduldet,
Da mir es schien, als hätt' im Herzen
Ich etwas gegen Gott verschuldet.
An jenem Abend war's, als Du
Mich führtest an des Baches Ranft
Der Hütte meiner Mutter zu.
Du sprachst so liebevoll, so sanft,
Und hieltest schützend meinen Arm,
Der zitternd sich an Deinen drückte;
Du sahst mich an, so innig warm,
Daß mir Dein Blick das Herz berückte.
Da hab' ich es zuerst geahnt,
Was mich so froh, so selig macht,
Und was seither mich Tag und Nacht,
Ja allerwärts an Dich gemahnt. —

Wie saß ich, selber grambeladen,

An meiner Mutter Krankenbette,

Wie fleht' ich zu der Jungfrau Gnaden,

Daß sie vor Unheil mich errette,

Daß sie den dunklen Zauber löse,

Womit, so dünkt' es mich, der Böse

Des Mädchens jungen Sinn umfangen.

Und als ich, da die Kleinen schliefen,

Zur Jungfrau heiß und lang gefleht,

Die Thränen mir vom Auge liefen,

Ich nun im innigsten Gebet

Laut weinend auf den Knien lag,

Da wurd' es mir im Herzen Tag.

Kaum konnt' ich mich vom Bilde trennen,

Das mir so lieblich hold erschien;

Mir war's, — ich darf es wohl bekennen,

Als spräch' die Himmelskönigin,

Als nickten ihre Augenlider,

Ich hörte Deinen Namen nennen.

Ein Segen floß auf mich hernieder,

Dem armen Sinne ward es kund,

Daß, wie mich's immer zu Dir zog,

Kein böser Zauber mich betrog,

Daß nimmer sündhaft unser Bund,

Und daß, wenn wahrhaft Deine Liebe,

Kein and'rer Weg mir offen bliebe,

Als Dein zu sein mit Seel' und Leib,

Und Dir zu folgen als Dein Weib. —

Da mich's nun gestern noch so nah

An Eurem Hauf' vorüberführte,

Ich Deinen alten Vater sah,

Dem, wie er sanft Dein Haupt berührte,

Der Thränen Flut in's Auge kam,

Ich dann sein liebend Wort vernahm:

Gott schütze Dich auf Deinen Wegen!

Da wußt' ich, keines Priesters Segen

War je so heilig und so rein,

Sein Wort muß Gott gefällig sein. —

Nun Heinrich, mögen Haß und Hohn,

Verfolgung, Armuth uns bedrohn,

Mag's auch der Mutter sündhaft scheinen,

Uns Beide segnend zu vereinen;

Nichts And'res kann mein Herz erfassen,

Als nimmer, nimmer Dich zu lassen.

Auch denk' ich, wird nach kurzer Frist

Die Mutter unsern Bund erlauben,

Wenn sie erfährt, wie gut Du bist.

Du wirst ja nicht den heil'gen Glauben,

Du wirst mir nicht den Segen rauben,

Der mir ein Trost im Leiden ist.

Und, Heinrich, wo die letzten Spitzen

Dort über jener Felsenwand

Im Morgenlicht der Sonne blitzen,

Dort endet unser Heimatland.

Dort drüben, hört' ich oft erzählen,

Darf ohne Zwang die Liebe wählen,

Es legt der Priester Hand in Hand.

Dünkt es nun Deinen Vater gut,

Der Macht des Bischofs zu entrinnen,

Die Mutter wird mein Flehn gewinnen,

Ich und die Meinen folgen Dir;

Dort drüben, Heinrich, werden wir

Ja auch im Tode nicht geschieden.

Bist, Heinrich, Du mit mir zufrieden?" —

Die Freude und des Hoffens Glück

Versagen ihm des Wortes Laut;

Er drückt an sich die holde Braut,

Die Sorge flieht in's Nichts zurück,

Und in des Kusses Seligkeit

Vergessen sie den Flug der Zeit.

Zum Mittag geht der Sonne Lauf,

Gewitterwolken steigen auf,

Verdunkelnd ihren gold'nen Strahl;

Ein heißer Wind durchstreift das Thal;

Da wandeln, Arm in Arm verschlungen,

Sie schweigend durch die Waldesnacht,

Zwei Wesen, die der Liebe Macht

Mit ihrer reinsten Glut durchdrungen,

Und nur zuweilen feierlich,

Wie aus dem Herzen ein Gebet

Im Drange des Gefühles weht,

Erklingt das Wort: „Ich liebe Dich." –

Dritter Gesang.

Der Salzbund.

Das ist die unheilvollste Zeit,
Die über einem Lande schwebt,
Wenn in der Hütten Einsamkeit
Der Sinn des Bauers sich erhebt,
Und er, den Weib und Kind und Haus
An seiner Scholle Grenzen bindet,
Gerufen in die Nacht hinaus
Zum Bunde sich mit Gleichen findet;
Wenn er der Herrschaft Treiben wägt,
Und, vom erwachten Willen voll,
Den Körper in die Schanze schlägt,
Der nur dem Pfluge dienen soll.

Dem Fürsten Weh! in dessen Land
Durch Habsucht oder Weibergunst
Durch Schurkenlist und Pfaffenkunst
Dies Unheil eine Stätte fand! —
Schon sinkt die Mitternacht herein,
Und auf der dunklen Wiesenflur,
Die sonst beim klaren Sternenschein
Den Wellenschlag der Salza nur
Und keinen andern Laut vernahm,
Als noch vielleicht der Liebe Schwur,
Der säuselnd aus den Büschen kam, —
Da regt sich heut' ein mächtig Leben,
Ein Schauspiel für der Zeiten Lauf:
Es steht ein Volk in kühnem Streben
Zum Schutze seines Rechtes auf.

.

Schon wandeln von den Bergen nieder
Gespenstisch dunkelrothe Flammen,
Verschwinden und erscheinen wieder,
Und finden sich im Thal zusammen,

Die Protestanten in Salzburg.   2

Wo sie um eines Steines Rund,
Der Weihestätte für den Bund,
An dem erkornen Ziele halten.
Die ernsten männlichen Gestalten,
Sie treten vor mit raschem Gruß;
Jedwedem strahlt sein lodernd Licht
Beim Kommen grell in's Angesicht,
Bis er die Fackel senkt zum Fuß,
Darauf tritt, daß die Flamme zischt,
Und knisternd dann ihr Brand erlischt.
Gar mächtig wächst der Männer Zahl
Zu Hunderten in kurzer Frist,
Bis von den Wäldern um das Thal
Kein Flimmer mehr zu schauen ist. —
Nun tritt ein junger blasser Mann
Zum Stein hinauf, bestimmt den Bann,
Die Wächter für den Bundesort,
Erhebt dann laut sein tönend Wort,
Gebietend Stille fern und nah:
„Der Bann ist fest, der Bund ist da!

Nun mag das heil'ge Werk beginnen!"
Da drängt sich Heinrich mühsam vor,
Das Haupt gesenkt in ernstem Sinnen;
Es steigt der Mond mit klarem Licht
Am höchsten Bergesrand empor,
Und leuchtet auf sein Angesicht,
Auf seine düst'ren Augen nieder.
Es tönt des Rufers Stimme wieder:
„Ihr Brüder, ist es Euch bekannt,
Daß Einer nicht in's Thal gekommen,
Der unsern Mahnruf hat vernommen,
Sein Name werde mir genannt!"
Und Heinrich spricht mit festem Ton:
„Ich komm' an meines Vaters Statt,
Er sandte mich, den einz'gen Sohn,
Denn er ist krank und altersmatt,
Der Weg beschwerdevoll für ihn; —
D'rum Brüder, sei ihm heut verziehn!"
Ein Greis tritt vor: „Mit Eurer Gunst!
Dein Vater ist uns wohl gesinnt,

2*

Nur seiner Rede sich're Kunst,

Darin ihm's keiner abgewinnt,

Ist's, die wir ungern hier vermissen.

Wir Alle, die ihn kennen, wissen,

Daß er nichts And'res will und meint,

Als was uns Allen gut erscheint.

Doch wird uns jetzt kein Klagen frommen!

Auch Du hast unser ganz Vertraun,

Wir kennen Deinen festen Muth,

Wie wir auf Deine Treue baun.

Und ist Dir auch ein Mägdlein gut,

Das unsern Feinden angehört,

Wir wissen, daß die Liebe nicht

Den Glauben und die heil'ge Pflicht

In Deinem edlen Herzen stört!" —

Da glüht es auf in Heinrich's Wangen,

Schon will zu sprechen er verlangen,

Doch fährt der Alte ruhig fort:

„Die Wahrheit gilt an diesem Ort;

Frei magst Du lieben oder haſſen,

Brauchſt unſertwegen nichts zu laſſen;

Was Gott Dir in das Herz gelegt,

Mag es wie ſüße Frucht gepflegt,

Dir reiſen noch auf dieſer Erden,

Und Dir zum Heil und Segen werden! —

Doch nun, die Ihr verſammelt ſeid,

Vom Mißgeſchick hieher geſendet,

Daß Ihr beſchließt auf Euren Eid,

Was unſre Noth und Qualen endet;

Daß Ihr's beſchließt in dieſer Nacht,

Vernehmt mein Wort und haltet Acht!

Wer klagt hier wohl nach altem Brauch

Den Landesfeind, den Biſchof an,

Den ſchlechten Hirten Firmian?

Ihr kennt ihn, und Ihr kennet auch

Den Kanzler Räll, des Biſchofs Knecht,

Der tretend unſer altes Recht,

Dem Land die tiefen Wunden ſchlug;

Ihr wißt, wie ſie nur Lug und Trug

Dem g'raden Sinn entgegensetzen,

Und Eltern gegen Kinder hetzen;

Ihr wißt, wie ihrer Söldner Schwarm

Mit übermüthig keckem Arm

Gewaltthat an uns Allen übt,

Verbrech'risch Zwist und Unheil stiftet,

Des Friedens klaren Brunnen trübt,

Und ihn mit ekler Lust vergiftet.

Das ist die Wucht, die felsenschwer

Zu Boden alles Leben beugt;

Da braucht es keiner Klage mehr,

Wo überall das Unglück zeugt,

Und offen die Verbrecher nennt.

Nun spreche, wer ein Mittel kennt,

Das wirksam dieser Menschenhetze,

Sich als ein Damm entgegensetze?" —

Ein junger Mann tritt aus dem Kreise,

Von stolzer Haltung, kühner Weise:

„Nach dem, was Alle denken werden,

Die hier im Salzathal versammelt,

Gibt's für uns keine Hilfe mehr.

Was wägt Ihr lange hin und her,

Die Thür des Guten ist verrammelt,

Gewalt muß wieder sie erbrechen;

Wir müssen schießen, hau'n und stechen;

D'rum gegen unsers Bischofs Macht

Des Aufruhrs Feuer angefacht,

D'rum schnell der Treue Band zerrissen!

Genug sind unser; die Gefahr

Verschwindet vor der ganzen Schaar,

Wenn wir's nur recht zu fassen wissen.

So brechen wir in's Werfner-Schloß,

Um die Gefang'nen zu befrein,

Dann fort mit unsrem ganzen Troß

Zur Nachtzeit in die Stadt hinein,

Und daß der Bischof werde wach,

Den rothen Hahn ihm auf das Dach!

Ja! sollten wir zu Grunde gehn,

'S ist besser, wie als Hund bestehn,

Und leben in des Hundes Schmach!" —

Da hebt ein dumpf' Gemurmel sich,

Es wächst zum Lärmen fürchterlich:

„Den rothen Hahn!" und „Nein!" und „Nein!"

„Wir sind zu schwach" und „Ja!" und „Ja!"

„Sind wir vereint von fern und nah,

Wir sind genug!" und „Nein!" und „Nein!" —

So tönt es brausend durch das Thal.

Und es gebeut der Rufer Stille;

Der Alte spricht zum zweiten Mal:

„Was ist nun, Männer, Euer Wille?"

Er nimmt den Hut vom kahlen Haupt,

Schwingt hoch die Bibel in der Hand:

„Wer noch an diese Worte glaubt,

Wer jemals Trost in ihnen fand,

Der höre mich und wäge gut:

In diesem Buch steht n i c h t geschrieben,

Mord gegen Mord, und Blut für Blut,

Das ist ja, was der Heide thut;

In diesem Buche steht geschrieben:

Auch Deine Feinde sollst Du lieben!

Mein Leben gäb' ich gerne hin,

Hat auch dies Opfer keinen Werth,

Da schon mein Körper Ruh' begehrt:

Doch laßt Euch nicht zum Frevel ziehn,

Daß Euer Sinn für das entflammt,

Was Ihr am Feinde selbst verdammt.

Bedenkt, wir haben Weib und Kind,

Bedenkt, wenn wir zu Grunde gehn,

Wie sie verlassen, elend sind,

Wie Jugend, Ehre, Gut und Leben,

Den Feinden ist anheim gegeben!

Nun frag' ich Jeden, wie er's nimmt.

Er hebe seine Hand empor,

Und trete mir zur Seite vor,

Der für Gewalt und Aufruhr stimmt.

Frei sei die Meinung, streng und wahr!" —

Da tritt nur eine kleine Schaar

Hervor an den bestimmten Ort;

Die Mehrzahl hält sich ernst und stille:

„Nun denn", so fährt der Alte fort,

„Es ist, ich seh's der Meisten Wille,

Was dieses heil'ge Buch uns lehrt;

Nicht Mord sei gegen Mord gekehrt,

Und Blut sei nicht für Blut vergossen!

So hört den Rath, ihr Leidgenossen,

Der schon mit Manchem aus dem Bunde

Erwogen ward in trüber Stunde;

Gedulde jeder sich zu Haus',

Bis sich des nächsten Lenzes Licht

Durch Eis und Schnee die Wege bricht,

Dann laßt uns ziehn zum Land hinaus,

Hin bis an's große weite Meer;

Ein hoffend Völklein laßt uns fahren,

Dorthin, wo vor zweihundert Jahren

Ein Mann für Freiheit und für Recht

Die neue Welt hat aufgethan.

Dort gibt es keinen Firmian,

Gibt's keinen Herrn und keinen Knecht.

So alt ich bin, ich sehne noch

Mich weg aus des Tyrannen Joch.

Und Gott wird uns dahin geleiten,
Wo wir den neuen Herd bereiten.
Wir finden Berg und Feld und Wald;
Den Pflug gewöhnt die Erde bald,
Wir bau'n uns feste Hütten auf,
Wo ungestört vom alten Feinde
Erblüht in schneller Jahre Lauf
Die evangelische Gemeinde. —
Bis nun der Schnee vom Felde rinnt,
Seh' Jeder, wie er Zeit gewinnt,
Des Hauses, Hofes sich begiebt,
Und sammelt, was er hegt und liebt.
Erreicht dann unsre Kundschaft ihn,
Dann Alles an die Salza hin,
Mit Einem Zug von fern und nah,
Weit fort vom alten Vaterland,
Hinaus und nach Amerika!
Wer beistimmt, hebe seine Hand,
Und nehme Salz aus diesem Faß,
Berühr' es mit der Zunge Naß;

Ich hab' zu unserm Bundesmahl
Es mitgeführt in's Salzathal.
Läßt Gott kein Unheil uns begegnen,
So werden unsre Enkel noch
Befreit von des Tyrannen Joch
Den schönen Bund der Väter segnen!" —
Da kommen Alle, Jeder nimmt,
Und auch die feurigsten der Jungen,
Die für Gewaltthat erst gestimmt,
Sie sind zum Steine vorgedrungen.
Auch Heinrich naht sich ernst und nimmt.
Es tönt des Rufes Stimme wieder,
"Fest steht der Bund in Gotteshand!
Er spende seinen Segen nieder,
Er schenk' uns in dem neuen Land,
Was hier der Feind uns hat geraubt!" —
Und jetzt entblößen sie das Haupt.

Dann in des Mondes hellen Strahl
Zerstreun sie sich im Bundesthal,

Sie wandern fort in ernster Ruh
Den heimatlichen Hütten zu.
Wie langsam sie die Höh'n erklimmen,
Ertönt von Wald und Felsenhang
Bald einzeln, bald in vollen Stimmen
Herab ihr feierlicher Sang:
„Ein' feste Burg ist unser Gott,
Ein' gute Wehr und Waffen,
Er hilft uns frei aus aller Noth,
Die uns jetzt hat betroffen."

Vierter Gesang.

Die Heimkehr.

———

Der Strahl der Mittagssonne glüht
Herab auf Heinrich's Stirn' und Wangen,
Und heimwärts drängt es sein Gemüth
Mit übermächtigem Verlangen.
Durch seine Seele braust ein Meer
Von flüchtig stürmenden Gedanken;
Die Gegenwart, die Zukunft schwanken
In düst'ren Schatten vor ihm her.
Erinn'rung an die holde Braut
Verklärt zuweilen sein Gesicht,
Wenn er umspielt vom gold'nen Licht
Ihr zartes Bildniß träumend schaut.

Dann wie es in der Luft zergeht,

Tritt ihm sein Vater ernst entgegen,

Und spendet wieder ihm den Segen,

Der leise von den Lippen weht. —

Des Alpenrösleins dunkle Glut,

Vergißmeinnicht und Thymian

Geleiten ihn den Berg hinan;

Tief unten rauscht des Baches Flut,

Auf dem sich Weid' an Weide wiegt.

Da wie durch's enge Thal hinein

Er um die Felsenecke biegt,

Sieht er's von fern entgegenblitzen,

Er schaut im grellen Sonnenschein

Der Lanzen und der Helme Spitzen,

Und bald erkennt er hoch zu Roß

Des Kaisers stolze Waffenleute,

Dann Schergen von des Bischofs Troß,

Die rachelüstern ihre Beute

Entreißen dem geliebten Haus,

Sie führend zum Verließe fort.

Er tritt abseits und späht hinaus,

Wo sicher ihn am dunklen Ort

Der Fichten schirmend Dach verhüllt;

Von tief geheimer Angst erfüllt

Erwartet er des Zuges Nah'n,

Der langsam trabt die Felsenbahn.

Da plötzlich schallt ein lauter Schrei,

Der sich des Jünglings Brust entrissen.

Als hätten Vipern ihn gebissen,

Bricht er das Dickicht rasch entzwei,

Und stürzt, erhebend seinen Arm

Hervor auf des Geleites Schwarm.

„Was hat mein Vater Euch gethan,

Ihr Teufel sagt, was er gethan,

Daß Ihr ihn seiner Heimat raubt?

Was that Euch denn sein weißes Haupt?"

Er faßt am Zaum das erste Roß,

Das fort ihn eine Strecke zerrt,

Bis stille hält der ganze Troß.

Der Reiter schlägt mit flachem Schwert

Ihn kräftig auf die freche Hand,
Drückt ihn dann nieder in den Sand. —
Vorüber jagt an ihm die Schaar,
Die Hufe klingen auf dem Stein;
Und wieder blitzt und funkelt klar
Von Lanz' und Helm der Sonnenschein.
Da mit der Kraft der Gemse schnellt
Heinrich empor, läuft ihnen nach,
Ruft laut, daß seine Stimme gellt,
Erreicht den Troß, wo an dem Bach
Die Eile hemmt ein schmaler Steg,
Wirft sich den Reitern in den Weg,
Und bringt zu seinem Vater vor,
Der in's Gesicht den Hut gedrückt
Sich zu dem Sohne niederbückt.
„O Vater hört, so wahr ich's schwor,
Ich will Euch helfen, will Euch retten,
Ich steh' allein dem ganzen Schwarm."
Der Alte schüttelt seine Ketten,
Hebt mühevoll den schweren Arm.

**

„Geh' Heinrich und verzage nicht!
Mein Leben steht in Gottes Hand,
Die Fesseln sind nur leichtes Band,
Und dulden heißt nun meine Pflicht.
Die Freiheit kann ich nicht erleben,
Gott wird sie mir dort oben geben." —
„O Vater, ich bin auch ein Christ,
Ich weiß, die Schrift befiehlt uns auch
Zu tilgen, was nicht Rechtens ist." —
Mit einer Hand faßt er den Strauch,
An dem er krampfhaft fest sich hält; —
Ein kräft'ger Schlag, und Einer fällt,
Den Heinrich tollkühn stieß vom Pferde;
Da — stürzt er selber hin zur Erde,
Zuckt auf, erblassend, schwer getroffen.
Am Haupt, am Arm und am Genick
Stehn ihm die Wunden blutig offen,
Und finster wird's vor seinem Blick. —

Drei Stunden sind seither entfloh'n,

Zu Abend geht der heiße Tag,

Im dunklen Wald erhebt sich schon

Der Amseln und der Drosseln Schlag;

Die Berge glühn im ros'gen Strahl,

Und Kühlung weht durch's Felsenthal.

Da fährt den Bergweg still heran,

Sich labend an des Waldes Luft,

Von Heinrich's Heimat der Kaplan.

Die Kapsel hängt an seiner Brust,

Darin das Heiligste verwahrt,

Womit er denen Trost gespendet,

Die für des Lebens letzte Fahrt

Um Stärkung diesen Tag gesendet.

Wie er den wunden Mann entdeckt,

Deß Kleid vom Blute frisch befleckt,

Da hält er an; des Rosses Zaum

Schlingt fest er um den nächsten Baum,

Eilt nieder zu des Baches Flut,

Und mit dem schwer gefüllten Hut

Kommt er zurück den Berg hinauf,

Bückt sorgsam sich zu Heinrich nieder,

Und netzt des Jünglings wunde Glieder.

Der athmet endlich seufzend auf:

„Ihr Wächter laßt mich in die Zelle,

Hört Ihr den armen alten Mann?

Führt mich zu ihm, doch schnelle, schnelle,

Auf daß ich mit ihm sterben kann!

Ich muß in seine Zelle dringen!" —

„Erholt Euch nur," spricht der Kaplan,

„Und laßt Euch zu Verstande bringen,

Ich bin nur ein Samaritan,

Der, wo ein Leid sich ihm enthüllt,

Des Menschen heil'ge Pflicht erfüllt!" —

Der Kranke mit halb irrem Blick

Starrt auf das geistliche Gewand

Wischt sich die Stirne mit der Hand:

Und spricht: „Ach, Vater Anton, welch' Geschick!

Wie kommt's Ehrwürden, daß Ihr mich

Nun labt und mich zum Leben ruft,

Da schon das Leben mir entwich,

Und ich's empfand wie Grabesluft; —

Ich bin nicht Eures Glaubens Kind!" —

„Das weiß ich wohl, doch laßt es nur,

Ich weiß auch, was wir Alle sind,

Wir sind der Gottheit Kreatur;

Den Nächsten wie sich selbst zu lieben,

Zu helfen treu in jeder Noth,

Das ist das göttliche Gebot,

So steht's im Herzen mir geschrieben.

Doch kommt, Ihr müßt auf meinen Wagen,

Ich führ' Euch in des Vaters Haus,

Der sicherlich mit Angst und Zagen

In's Weite blickt nach Euch hinaus!" —

„Den Vater werden wir nicht finden;

Saht Ihr denn nicht des Bischofs Troß?

Sie kamen, um ihn festzubinden,

Sie schließen ihn im Werfnerschloß,

In einem dumpfen Kerker ein,

Mit ihm wird's bald zu Ende sein!" —

„Gott sei davor“, ruft der Kaplan,

„Daß Priester wie Tyrannen schalten,

Und statt vereinen, nur zerspalten,

Das ist fürwahr sehr schlimm gethan.“ —

Sie fahren hin und beide schweigen.

Bald schwinden Heinrich's Sinne wieder,

Es sinkt sein Haupt in sanftem Neigen

An Vater Anton's Busen nieder.

Nun ist das Heimatthal erreicht.

Es hebt der Priester zart und leicht

Von seiner Brust des Kranken Haupt,

Er spricht in liebevollem Ton:

„Ihr dauert mich, mein armer Sohn,

Sobald mein Amt es mir erlaubt,

Will ich nach Euren Wunden sehn,

Ich werde nicht vorübergehn.

Doch ruft mich noch die strenge Pflicht

Dorthin, wo hell im Abendlicht

Die Hütte, nah' dem Wald gebaut,

Vom grünen Hügel niederschaut. —

Es sehnt sich dort ein krankes Weib

Für ihrer Seele Heil und Glück

Nach Gottes Wort und Gottes Leib,

Von dort kehr' ich zu Euch zurück."

„Dort oben" — seufzt der Jüngling — „dort?"

Stöhnt laut von Fieberfrost durchbebt,

Und schweigt, wie auch des Priesters Wort

Ihn liebend aufzurichten strebt. —

Nun halten sie am Vaterhaus.

Der Jüngling stammelt leisen Dank,

Tief innig spricht sein Blick ihn aus.

Ein Krieger sitzt auf jener Bank,

Die manches sorgenvolle Jahr

Des Vaters Ruheplätzchen war.

Des Vaters Bibel auf den Knie'n

Starrt er nach ihren Zeichen hin.

Wie er die Kommenden gewahrt,

Streicht emsig er den vollen Bart,

Dann tritt er zu den Wagen flink,
Um nach des Priesters leisem Wink
Den Kranken von dem Sitz zu heben.
„Er sei in Eure Hut gegeben.“
Und weiter fährt der Gottesmann.
Der Krieger stützt den armen Jungen
Mit seinem starken Arm; durchdrungen
Von Mitleid hilft er wie er kann,
Spricht endlich: „Sah's bei meinem Eid,
Daß Ihr der Sohn des Hauses seid.
Nun, daß Ihr mir's nicht übel nehmt,
Und leichter Euch zu dem bequemt,
Was Ihr nun einmal müßt ertragen,
So sag' ich, lieber möcht' ich gleich
Für Euch mein eig'nes Leben wagen,
Als dienend für des Pfaffen Reich
Das Schwert und für den Kanzler rühren,
Und braves Volk zum Kerker führen.
Was hat uns auch der Kaiser g'rade
Zu solchem Dienst hieher geschickt!

Ich mein' um jeden Tag ist's Schade,

Der uns in diesem Land erblickt.

Zum Schlagen sind wir stets bereit,

In Feindesland, wo's gilt zu schlagen;

Doch schäm' ich mich in Ewigkeit,

Daß ich nun soll als Henkersknecht

Den Frieden stören und das Recht,

Dies ist die Art nicht des Soldaten,

Da ist der Kaiser schlecht berathen.

Ihr habt ein ehrlich gut Gesicht!

Ich sag' Euch, wenn's Euch nicht bekannt,

In Ungarn gibt's solch' Uebel nicht,

Ich bin ja selbst ein Protestant.

Doch heißt es als Soldat pariren;

So wenig wie beim Exerciren

Darf ich um das Warum hier fragen.

Thut's mir auch weh in tiefster Seele,

Ich muß gehorchen dem Befehle,

Und wer ihn gibt, der hat's zu tragen.

Wird mir's auch unter'm Wamms zu eng,

Ich muß gehorchen blind und streng." —
Weil Heinrich keine Antwort gibt,
Spricht er nach einer Weile wieder:
„Mich dünkt, daß jener Herr Euch liebt;
Je nun, er scheint mir gut und bieder,
Er wird Euch helfen wie er kann.
's gibt doch noch manchen braven Mann! —
Nun tretet ein, ich will Euch schützen
Bis Ihr genesen von den Wunden;
Die Ruh' wird Euch am besten nützen.
Wer hat, zum Teufel, Euch geschunden?" —
„Den Vater wollt' ich ganz allein
Aus ungerechter Haft befrei'n.
Als ich ihn so gefesselt sah,
Sprang ich den Reitern in die Bahn." —
„Ihr toller Kopf! — Doch hätt' ich's ja
Für meinen Vater auch gethan.
Habt Ihr gekämpft mit dem Geleite?" —
„Ich glaubt' ich könnt' es kühnlich wagen,
Da hab' ich Einen wohl erschlagen." —

„Dann müßt Ihr fort von hier in's Weite,

Die Schächer lassen Euch nicht ruh'n." —

„Sie hielten sicher mich für todt." —

„Nun ja, dann hat es wen'ger Noth.

Doch heißt's bedenken, was zu thun.

Laßt dies nur mir, ich weiß zu rathen." —

Gestützt vom Arme des Soldaten,

Indeß der letzte Sonnenschein

Sich auf die Abendwolken gießt,

Wankt Heinrich in sein Kämmerlein

Darin er jetzt ein Fremder ist.

Fünfter Gesang.

Die Mutter.

Vom Bild herab an dunkler Wand
Scheint matt der Lampe flimmernd Licht
Auf einer Mutter Angesicht,
Die, seit des Hauses Stütze schwand,
Mit wenig Freude, vielen Plagen
Ihr hartes Erdenlos getragen.
Nun wird vollendet ihr Geschick.
Im Bette regungslos und bleich
Liegt sie, fast einer Todten gleich;
Und nur zuweilen senkt ihr Blick
Sich auf Maria liebend klar,
Die schwer empfindend die Gefahr

Voll Sorge nach der Mutter schaut.

Daneben sitzen ohne Laut

Auf einer Bank die Schwestern beide,

In dunkler Ahnung von dem Leide,

Das tief Maria's Brust durchdrungen,

In zarter Liebe still vereint,

Die kleinen Arme fest verschlungen,

Und weinen, wenn die Schwester weint. —

Es klopft, und sich erhebend schnelle

Empfängt das Mädchen an der Schwelle

Den Priester, der mit leisem Schritt

An's Sterbebett der Mutter tritt,

Sein Aug' in Mitleid auf sie wendet,

Und ihr den Trost der Kirche spendet

In Worten, deren volle Macht

In's Herz der armen Kranken dringt,

Ihr in des Denkens trübe Nacht

Den letzten Schein des Lichtes bringt. —

Als er nach kirchlich strenger Art

Ihr nun das Sacrament gegeben,

Und sie gesegnet zu der Fahrt
Hinüber in ein bess'res Leben,
Stützt sie sich langsam auf den Arm,
Schaut vor sich hin so innig warm,
Als wollt', eh' ihr die Augen brechen,
Sie noch ein Wort der Liebe sprechen.
„Ihr habt mir etwas zu vertrau'n?“
Fragt der Kaplan, „o sprecht es aus!
Gilt's Euren Kindern, Eurem Haus?
Ihr könnt auf meine Hilfe bau'n.“
Die Kranke lispelt vor sich hin:
„Maria, wenn ich nicht mehr bin,
Erhalte Deinen Glauben fest,
Daß Dich die Jungfrau nicht verläßt.
Heb' Deine Schwestern zu mir auf!
Nur einmal möcht' ich sie noch sehn,
Ich fühl' es wird mein Erdenlauf
Nun bald, recht bald zu Ende gehn.
Sei ihnen Mutter, wenn ich sterbe,
Laß' auch den Kindern nicht den Glauben

An unsre heil'ge Kirche rauben;

Es ist ja Euer bestes Erbe.

Hochwürd'ger Herr, verlaßt sie nicht,

Nehmt Euch der armen Waisen an,

Was Ihr beschließt, ist wohlgethan!" —

Da birgt Maria ihr Gesicht,

Beginnt nun bitterlich zu weinen,

Und mit ihr schluchzen laut die Kleinen.

Der Priester setzt sich still und spricht:

„Neigt Euch getrost und ohne Kummer

Hinüber zu dem ew'gen Schlummer.

Den guten Keim, den Ihr gelegt,

Er wird hinfort von mir gepflegt;

Ich will ihn ziehn so liebevoll,

Wie's jeder guter Vater soll;

Ich will den Kindern Vater sein."

Und feierlich hebt er die Hand —

„Nehmt hier mein Wort zum Unterpfand,

Ich will es halten wahr und rein,

So wahr als ich nun Eure Seele

In Gottes heil'gen Schutz befehle."
Da lispelt sie: „Gescheh' sein Wille,
Und betet, daß er sich erbarm'!"
Sie senkt mit trübem Blick und stille
Das Haupt auf ihrer Tochter Arm. —
Ein tiefes Schweigen um sie her. —
Nun wird das Haupt so kalt und schwer,
Daß es Maria leise hebt,
Indeß die Furcht ihr Herz durchbebt;
Wie sie nun sanft den Mund berührt,
Die Hand zur feuchten Stirne führt,
Durchzuckt es schaudernd ihre Glieder,
Und stöhnend: „Mutter, Mutter, Gott!"
Sinkt weinend sie am Bette nieder,
„Ach Mutter! Mutter! — sie ist todt." —
Auch beide Kinder faßt der Schmerz,
Sie wissen nicht, was da geschehn,
Doch ihr Gefühl, ihr ahnend Herz
Sagt ihnen, was sie nicht verstehn.

Der Priester spricht ein ernst Gebet,

Das ihrer Mutter Sterben kündet,

Den Frieden für den Geist erfleht.

Die Kerzen werden angezündet,

Das Bett der Todten wird geschmückt,

Das Kreuz in ihre Hand gebunden

Herum der Rosenkranz gewunden

Und ihr das Auge zugedrückt. —

Zwei lange Stunden sind verflossen,

Indeß der Priester unverdrossen

Des Trostes Wort den Kindern spendet,

Und endlich sich zum Scheiden wendet.

Maria gibt ihm das Geleite,

Doch ihre Kraft vergönnt es nur

Bis durch des Hauses dunklen Flur;

Dort öffnet sie die Thür in's Weite,

Sie lehnt erschöpft sich an den Pfosten.

Im Freien scheint mit hellem Strahl

Der Mond herab vom klaren Osten
Auf Wald und Felsen, Berg und Thal.
„Ich werd' Euch morgen wiedersehn",
Spricht der Kaplan, „und Gottes Macht
Beschirm' Euch alle diese Nacht.
Ich muß noch zu dem Kranken gehn,
Den heut' ich auf dem Weg gefunden,
Der dort mit manchen schweren Wunden
In seines Vaters Hause liegt." —
Wie vor des Blitzes wilden Flammen,
Der schreckend aus den Wolken fliegt,
Fährt sie bei diesem Wort zusammen:
„Ist's Heinrich? sprecht, ich fleh' Euch an!
„Er ist's," entgegnet der Kaplan,
Den nun der Jungfrau zitternd' Wesen
An Heinrich's düster'n Ausruf mahnt —
„Doch, hoff' ich, wird er bald genesen.
Sprich nicht mein Kind, ich hab's geahnt,
Und glaube, daß es Wahrheit ist.
Was ich vermag, ich werd' es thun.

Das And're später, stille nun!
Beschütz' Euch Alle Jesus Christ."

Da wankt das Mädchen in die Kammer,
Blickt auf zur Himmelskönigin,
Sinkt an dem Todtenbette hin;
Kein Laut verräth den tiefen Jammer,
Der doppelt ihre Brust beengt,
Und fast das arme Herz zersprengt.

Sechster Gesang.

Botschaften.

Drei Monde sind nun bald vergangen:
In einer einsam stillen Klause
In Vater Anton's kleinem Hause,
Das Auge matt, und bleich die Wangen,
Liegt Heinrich noch in Fiebers Glut,
Das brennend schleicht durch's junge Blut. —
Heut' kam für ihn der erste Tag,
An dem zu sprechen er vermag;
Er ist erwacht aus tiefen Träumen,
Hebt mühevoll das Haupt empor,
Und schaut zum nahen Fenster vor.
Fast scheint ihm Alles zauberhaft.

Er sieht, wie draußen an den Bäumen
Das Eis in starren Formen klebt,
Wie nur mit Noth der Aeste Kraft
Dem schweren Druck entgegenstrebt.
„Wo bin ich denn?" so ruft er aus,
Und staunt, daß er nun sprechen kann.
Am Bette steht der Gottesmann:
„Du bist in meinem eig'nen Haus,
Und Dich beschirmt des Hauses Recht;
Ich gab Dich aus für meinen Knecht,
Ich wußte keinen beß'ren Rath,
Um der Gefahr Dich zu entringen;
Gar freundlich half mir der Soldat,
Dich her in dieses Stübchen bringen.
Hier magst in Frieden Du verweilen,
Bis gänzlich Deine Wunden heilen.
Doch glaub' ich, daß in kurzer Zeit
Dir Gott die volle Kraft verleiht.
Wohl hat es lang, sehr lang gedauert;
Es war ein Fieber sonder Ruh!"

Dann setzt er leise noch hinzu:

„Du wurdest schon als todt betrauert."

Da lispelt Heinrich wehmuthvoll:

„Ihr seid so edel und so gut,

Ihr handelt, wie's ein Vater thut.

Ich weiß nicht, wie ich danken soll." —

Der Priester nickt und wendet sich:

„Es gab ein junger Mann für Dich

Dies Blatt mir schon vor manchen Tagen,

Ich sollt' es selber zu Dir tragen." —

Er legt es still in Heinrich's Hand,

Und schreitet nach des Fensters Rand,

Indeß der Kranke langsam liest:

„Man sagt, daß Du verändert bist,

Das Salz ist weiß, und soll es sein,

Denk an den Vater und den Bund!"

Und Heinrich stöhnt aus Herzensgrund:

„Das war nicht Noth, das Salz ist rein."

Nun schwanden wieder Wochen hin;

Es tritt des Hauses Magd vor ihn:

„Dies Blättchen bracht' ein altes Weib,

Beschwörend mich auf Seel und Leib,

Ich soll's in Eure Hände legen.

Sie ließ sich nicht zu Euch bewegen."

Und Heinrich liest: Es wird gesagt,

Wenn man im Bunde nach Dir fragt,

Das Salz beginne schwarz zu werden.

Du weißt, des Himmels schwerster Fluch

Steht auf Verrath und Eidesbruch! —

Die Weihnacht kam; Geläut' und Sang

Erfüllt die Luft in frommer Weise,

Der Kranke lauscht so sehnsuchtsbang.

Da däucht' es ihn, als pochte leise

An's Fenster dreimal eine Hand.

Er nimmt in Eile sein Gewand,

Und in des Mondes klarem Licht,

Schaut er des Alten Angesicht,

Der einst für ihn im Thal gesprochen;
Durch's Fenster hört er seine Kunde:
„Laß', Heinrich, mich zu dieser Stunde
Nicht öfter noch vergebens pochen.
Ich bringe Botschaft Dir vom Bunde;
Doch sag' erst, bist Du Katholik?" —
Der Zorn durchflammt des Jünglings Blick:
„Ich bin, wie Ihr, ein Protestant.
Hat Jemand mich für schlecht erkannt?" —
Der Alte spricht gelassen fort:
„So denk' an Dein gegeb'nes Wort,
Der Glaube ohne That ist Schein!" —
„Was ich versprochen, werd' ich halten!"
Ruft Heinrich fest, — „mein Herz ist rein,
Darüber mög' der Himmel walten."
„Ich danke Dir, und höre mich!
Wenn wieder hell die Flamme sich
Am Berge dort wie heut' entzündet,
Die Flamme, die von Felsenrand,
In Flur und Thal durch's weite Land

Des Bundes Wachsamkeit verkündet,

Dann spricht sie durch die Nacht hinaus:

Senkt morgen sich die Sonne nieder,

Begegnen sich des Bundes Glieder

Beim alten Wirth! — Du kennst mein Haus?

Ich wollte nur Dich selber sehn,

Daß Du mir könntest Rede stehn.

Denn oft kam es zu meinen Ohren,

Du sei'st für unsern Bund verloren.

Leb' wohl! Seit ich Dein Wort vernahm,

Bin ich zufrieden, daß ich kam." —

„Ich will beachten jenes Licht!"

Ruft Heinrich mit gesenktem Haupt,

„Und wenn die Kraft es mir erlaubt

Grüß' ich Euch all' von Angesicht. —

Könnt Ihr mir nichts vom Vater sagen?"

Er blickt empor um mehr zu fragen —

Doch bei des Jünglings letztem Wort

War schon der alte Redner fort. —

**

Nun fängt bei Tage Heinrich an,
Um sich des Knechtes Schein zu wahren,
Im Hause dienend zu gebaren.
Und eines Tags spricht der Caplan:
„Ich merke, seit das Fieber weicht,
Wie Dich ein trüber Sinn beschleicht."
Da kann es Heinrich nicht vertagen:
„Verzeiht", spricht er, „was hat zur Nacht,
Als Ihr vom Weg mich heim gebracht,
Am Walde dort sich zugetragen?
Ihr sagtet doch, Ihr müßtet eilen,
Den Trost der Kirche zu ertheilen? —
„Dort oben? — Eine Mutter starb,
Die kummervoll durch lange Jahre
Vom letzten Glück bis an die Bahre
Für ihre Kinder sorgt' und warb;
Verlaß'ne Waisen sind sie nun." —
„Ach Herr!" spricht Heinrich tief bewegt,
„Verzeiht, daß ich so aufgeregt,
Doch läßt mich's nimmer, nimmer ruhn."

Tief athmend hebt sich seine Brust:
„Wie herb, wie schwer wird der Verlust
Für diese guten Kinder sein!
Ich selber kenne diese Pein.
Sie sind vor Schmerz doch nicht erkrankt?" —
„Das nicht, dem Himmel sei gedankt!"
„Und dann" — nun muß es Heinrich sagen,
„Maria leidet wohl zumeist,
Die Arme hat so viel zu tragen?" —
„Sie ist gesund an Herz und Geist,
Denn sie verlor im Leiden nicht
Des Glaubens edle Zuversicht!" —
„Ach würd'ger Herr! Ihr seid so gut,
Ich muß, verläßt mich auch der Muth,
Euch fest in's Angesicht zu schau'n,
Es endlich doch Euch anvertrau'n,
Wie's auch der Zunge widerstrebt.
Ich lieb' Maria und sie mich,
So tief, so wahr, so inniglich,
Daß Eines nur im Andern lebt.

Doch Herr! Es ist Euch ja bekannt,
Im Glauben bin ich Protestant." —
Da spricht der Priester halb verlegen:
„Ich weiß, was Liebesqualen sind;
Doch soll sie Dir am Herzen ruhn,
Mußt Du um Dein= und ihretwegen,
Was unvermeidlich ist, auch thun.
Ich gebe gern' Euch meinen Segen." —
Und Heinrich blickt ihn fragend an,
Doch unbewegt schaut der Caplan
Ihm jetzt in's off'ne Angesicht,
Bis endlich Heinrich langsam spricht:
„Ach Herr! Nun fass' ich Euer Wort,
Allein den Glauben lass' ich nicht.
Ist's hier nicht, finden wir uns dort.
Ich lieb' Maria tief und heiß,
Mit Seel' und Leib und allen Sinnen,
Doch würd'ger Herr! das Salz ist weiß,
Nicht nur von Außen, auch von Innen,
Wie könnt' es sonst genießbar sein?

Mein Herz bleibt wahrhaft und bleibt rein." —

Da faßt der Priester seine Hand:

„Dein Herz ist rein und Du bist wahr.

Dies Wort ist mir das beste Pfand;

Ich preise Gott, daß Du so klar

Für Deinen Glauben bist entflammt;

Denn gäbst Du ihn für's Liebchen hin,

Obwohl ich Papstesdiener bin,

Ich hätte dennoch Dich verdammt.

Ein Sünder ist, wie Paulus spricht,

Wer sich dem Worte hat gebeugt,

Davon sein Herz nicht überzeugt,

Nur in der Wahrheit wohnt das Licht.

Doch brauchen wir nun guten Rath,

Auch sich'res Denken vor der That.

Wir müssen's bald, sehr bald vollenden,

Und Gott wird es zum Guten wenden.

Ich bin jetzt Vater Deiner Braut,

Die Kinder sind mir anvertraut,

Ich bin nun Vater auch für Dich.

Maria grüßt Dich inniglich,

Ich mußt' es nur bisher bewahren.

Doch nun bekenn' ich Dir es frei;

Ich wollt' als Vater auch erfahren,

Ob Deine Liebe dauernd sei."

Siebenter Gesang.

Das Wiedersehen.

———

Die Sonne blitzt auf's kleine Haus,
Von dessen Dache, gleich Krystallen,
In ihrem Glanz die Tropfen fallen.
Und Heinrich tritt zur Thür hinaus.
Er will der Sehnsucht und dem Bangen,
Davon sein Herz bedrückt, entfliehn.
Er wandert nach dem Kirchlein hin,
Das von dem Kirchhof rings umfangen,
Ein kleiner, gothisch ernster Bau,
Mit seinem Thurm zum Himmel strebt,
Und jedes Wanderers Herz erhebt.

————

Kein Wölkchen trübt des Morgens Blau.

Genesung! Ihre erste Wonne

Durchströmt des Jünglings volles Herz,

Sein Auge hebt sich nach der Sonne,

Sinkt dann geblendet erdenwärts.

Ein jedes Kreuzchen, jeder Stein,

Kann ihm hier ein vergang'nes Sein,

Ein Menschenschicksal offenbaren.

„Hier würd' ich einst nach manchen Jahren", —

Spricht er zu sich — „nach manchem Thun

An meines Vaters Seite ruhn,

Wär' nicht des Unheils finstr'e Nacht

Herein in's stille Land gedrungen." —

Wie sich der Wehmuth tiefe Macht

In Worten dem Gemüth entrungen,

Er nun am Thor des Kirchleins steht,

Noch von Gedanken ganz erfüllt,

Sieht er, in schwarzes Tuch gehüllt,

Gesenkten Hauptes im Gebet

Vor einem Grab ein Mädchen knien;

Und seiner Andacht zum Geleite
Zwei holde Kinder an der Seite.
„Maria!" stöhnt er vor sich hin. —
Sie ist's. Auf ihrer Mutter Grab
Fließt Thrän' an Thräne still hinab.
Durch Heinrich's Brust weht ein Orkan;
Er wandelt näher und hält an,
Es falten krampfhaft sich die Hände,
Als ob ein Zauber fest sie bände.
„Maria!" spricht er leise wieder.
Da zuckt es ihr durch alle Glieder;
Erst schaut sie lange vor sich hin,
Ihr Busen wogt und ringt nach Luft,
Bis sie gewaltsam „Heinrich" ruft.
Nicht Größ'res kann der Mensch empfinden,
Als wenn auf heißen Schmerzes Gift
Der Balsam süßen Hoffens trifft,
Wenn Leid und Lust sich plötzlich finden. —
Aus ihrem Auge sprudelt hell
Der reinen Seele klarster Quell;

Und wie sie lächelt, wie sie weint,
Erhebt sich stolz ihr schlanker Leib,
Daß nun verwandelt sie erscheint,
Das Mädchen ward zum edlen Weib.

Vom ersten Kuß am Alpensee,
Von jenem großen Tag bis heute,
Welch' tiefem unnennbaren Weh
Ward' Beider liebend Herz zur Beute!
Doch jetzt, wie Hand in Hand sich drückt,
Vereint sich auch der Augen Licht;
Daß sie der Liebe Kuß beglückt,
Vergönnt des Grabes Nähe nicht.
Durch Aug' und Hand genießen sie
Des Wiedersehens geweihte Stunde.
Selbst wenn der Seelen Harmonie
Im süßen Wort von Mund zu Munde
Beseligend sich lösen will,
Die Lippe bleibt doch ernst und still,

Bis endlich Heinrich sich ermannt,
Und spricht: „Wir waren lang verbannt,
Seit wir am blauen See uns fanden,
Und schauten in die Flut hinab.
Du hast so Vieles überstanden,
Denn Deine Mutter deckt das Grab." —
„Auch Du, mein Heinrich", spricht sie leise —
„Ich weiß, Dein alter Vater schmachtet,
Von dumpfer Kerkerluft umnachtet —
Du selbst empfingst die letzte Speise."
Nun wieder tritt das Wort zurück,
Und nur der Glanz des Auges spricht
Von ihres Wiederfindens Glück,
Bis nochmals er das Schweigen bricht:
„Des Vaters Los, ich ahnt' es lang,
Ich muß nun stets den Streich besorgen,
Der ihn bedroht von heut auf morgen;
Mich macht des Kanzlers Mordlust bang;
Doch ward mir jüngst aus treuem Munde,
Daß er noch lebt, die sich're Kunde.

Marie! So lang sein Puls noch schlägt,
Darf ich noch auf Befreiung hoffen.
Dir steht dies Pförtchen nimmer offen,
Die Mutter liegt da unten still;
Wie laut die Stimme rufen will,
Sie klingt hinaus zur Ewigkeit,
Den Widerhall bringt keine Zeit.
Nun gebe Gott ihr seinen Frieden,
Sie hat ihn reich verdient hienieden
Durch Herzenspein und Lebensmüh'n,
Wir wollen ihr ein Denkmal weihn;
Auf ihrem Grab soll frisch und rein
Das Röslein unsrer Liebe blühn.
Beschützt uns doch ein guter Geist,
Der dort im kleinen Hause wohnt,
Der freundlich uns die Straße weist,
Die uns des Lebens Qualen lohnt.
Wir wandern in ein beß'res Land,
Um der Verfolgung zu entgehn,
Dort soll auch unser Haus erstehn.

Ja, heut' bekräftigt meine Hand,
Was Du gewünscht am grünen Strand;
Sobald es meine Pflicht erlaubt,
Und Gottes Macht uns hat geborgen,
Will freudig ich für Alle sorgen." —
Es neigt Maria sanft ihr Haupt;
Sie lispelt still: „Die Mutter sprach,
Eh' noch ihr helles Auge brach:
‚Weil ich von hinnen muß und sterbe,
Nimm' Du, Marie, die Kleinen hin,
Bleib' unsres Glaubens Dienerin,
Er ist ja Euer bestes Erbe!'" —
Rasch fällt in's Wort ihr Heinrich ein:
„Was ich gelobt an jenem Stein
Als meines Lebens heil'ge Pflicht,
In meines Lebens schönster Stunde,
Steht unverrückt in unsrem Bunde:
Der Glaube trennt die Liebe nicht.
Bewahre Du den Deinen treu,
Ich selbst will fest zu meinem halten.

Ob alt die Welt sich oder neu
In ihren Formen mag gestalten."
Da seufzt sie aus des Herzens Grunde:
„Kein Zweifel, Heinrich, soll Dich quälen,
Ich wollte Dir ja nur erzählen
Von meiner Mutter letzter Stunde,
Sie drang so tief in's Herz mir ein.
Verzeih mir meinen Unverstand.
Du weißt, mein Leben ist ja Dein." —
Und fester drückt sich Hand in Hand;
Wär's nicht an dem geweihten Ort
Nun müßte Brust an Brust sich senken.
Doch Heinrich spricht: „Ich muß nun fort,
Was könnte sonst der Gute denken,
Der uns ein zweiter Vater ist!
Ich muß zurück zum Hause gehn,
Um heute noch die kurze Frist
Des Tages Arbeit zu versehn.
Ich sah in dieser letzten Nacht,
Am Bergesrücken angefacht,

Ein helles Feuerzeichen wehn;

Ein Zeichen, das aus hoher Luft

Mich zum Verein der Brüder ruft,

Mich heute noch von hinnen zieht.

Du wirst erfahren, was geschieht,

Und Gottes Huld wird uns vereinen." —

Nun drückt er sanft noch ihren Arm,

Dann küßt er schnell die beiden Kleinen.

Er blickt sie an, so liebend warm,

Daß sie mit kindlichem Vertrau'n,

Wenn auch verwundert auf ihn schau'n.

Er eilt in's kleine Haus zurück,

Indeß Marie zum Grab sich wendet,

Und für die Mutter und — sein Glück

Ein heiß' Gebet zum Himmel sendet.

Achter Gesang.

Ein Hochzeitsfest.

———

Ein leichter Fahrweg, steinig, schmal,
Führt an Geröll und Bergeswand
Hinunter in das tiefe Thal,
Wo einsam an des Waldes Rand,
Von seinem Schatten angeweht,
Der Hof des Wirth's vom Bunde steht.
Ob dem gewölbtem Thore glänzt
Des alten Hauses treuer Schild:
Ein gold'ner Stern in rundem Bild,
Von grünem Tannenreis umkränzt,

D'ran flatternd rothe Bänder hangen.

Der klare Mond ist aufgegangen

In voller leuchtender Gestalt,

Und aus dem Hause klingt's und schallt

Von Geigen, Flöten, Sang und Schrei'n.

Es wandelt Heinrich still hinein.

Im Flur tritt ihm der Wirth entgegen,

Und murmelt leise: „Nur heran,

Ich grüße Dich mit Gottes Segen!

Hab' nur Geduld und schaff' Dir Bahn

Durch das Gewühl der jungen Narren.

Im Saale rechts die letzte Nische,

Dort findest Du am runden Tische

Die Brüder, welche Deiner harren." —

Und Heinrich drängt sich mühsam vor,

Vom Lichte wird sein Aug' geblendet,

Der wilde Lärm betäubt sein Ohr.

Wie er sich hin zur Nische wendet,

Erkennt er manchen der Genossen,

Mit denen er im Salzathal

In jener Nacht den Bund geschlossen.
„Gott grüß' Dich, Heinrich, tausendmal!"
So rufen Jörg, Philipp und Franz,
„Du bist so blaß, man kennt Dich kaum!" —
Aufjauchzend wieder fliegt im Tanz
Das junge Völklein durch den Raum,
Der ausgeschmückt mit Fichtenzweigen
In festlich grünem Schmucke prangt,
Wie's nur ein Hochzeitsfest verlangt.
Hell rauschend schallen jetzt die Geigen,
Als hieß' es, in den Sturm zu ziehn.
Die holden Mägdlein fliegen hin
Mit hocherglühtem Angesicht;
Sie trippeln nach der Saiten Ton,
Indessen ihr Gedanke schon
Zur eignen Hochzeit Kränze flicht.
Es hängt die Braut nach jeder Runde
Verschämt sich an des Liebsten Arm,
Sie schmiegt sich an so sehnsuchtswarm,
Als schlürfte sie an seinem Munde

Voraus der Brautnacht heilig Glück. —

Und Heinrich zieht sich still zurück;

Er denkt an seine süße Braut,

An ihrer Stimme milden Laut,

Der ihm erklang am frühen Morgen,

An ihren Blick voll Lieb' und Sorgen,

An all' das tiefe Herzensweh,

Das seit dem Tag am Alpensee

Dies arme, holde Kind erduldet;

Er denkt an sie und sein Geschick,

Denkt an den schönsten Augenblick,

Den ihnen noch das Leben schuldet. —

Nun schweigen Geig' und Flöten wieder;

Er setzt sich sinnend, ernst gestimmt,

Am Tisch der Bundesfreunde nieder.

Und einer der Genossen nimmt

Vom Salz und ruft: „Mit Gottes Segen'

Er streut es Heinrich rasch entgegen.

Da tritt der alte Wirth hinzu:

„Seid still, und haltet Euch in Ruh

Bis erst die Luft vom Dunste leer;

Die Kerle dort an jenem Tisch,

Die haben fort ein frech Gezisch,

Ich muß sie für Spione halten." —

„Ist's so", spricht Heinrich, „laßt mich schalten,

Ich will sie lehren Landesrecht!"

Er lenkt zu ihrem Tisch den Schritt,

Erkennt des Bischofs wilden Knecht,

Der einstens vor dem Trosse ritt,

Als er es wagt' hineinzubrechen.

Nun steht er still und hört ihn sprechen:

„Bald wär' es Einem schlecht gerathen,

Der Bursche dort fiel auf uns ein,

Riß einen Reiter von dem Pferde,

So daß sein Schädel klang am Stein,

Und er sich wälzt' auf nackter Erde.

Der hatte lang genug zu leiden.

Wir drückten dann mit flinker Hand,

Um weitern Angriff zu vermeiden,

Den Burschen nieder in den Sand.

Von dem war's eine kecke That,

Mich wundert, wie er's Leben hat!

Wär' nur des Kanzlers Mannschaft hier,

Wir könnten lustig brennen, sengen,

Ich wollte bald, das schwör' ich Dir,

Das ganze Lumpenvolk versprengen." —

Da klopft ihm Heinrich auf dem Arm:

„Ihr zwei seid wohl ein kleiner Schwarm,

Um hier gewaltsam durchzudringen;

Doch sollt ihr Leicht'res jetzt vollbringen.

Kommt mit hinaus, und hört in's Ohr,

Was jetzt der Kanzler von Euch will!" —

Sie folgen ihm erschreckt und still,

Und wie sie draußen vor dem Thor,

Hebt sein Pistol er in die Luft,

Schwingt es mit fester Hand und ruft:

„Hat Einer Lust, noch hier zu bleiben,

Ihm soll das Blei die Lust vertreiben,

Er wird nicht lange vor mir stehn;

Nun flieht auf Nimmerwiedersehn!"

Da schreit der Knecht: „Ich kenne Dich!

Der Krummstab wird Dich doch erlangen;

Noch einen solchen Hieb und Stich,

Wie Du ihn hast von uns empfangen,

Dann sollst Du nimmer auferstehn,

Gott helfe Dir, auf Wiedersehn!"

Sie schleichen langsam durch die Nacht,

Und Heinrich kehrt zurück in's Haus:

„Die wären glücklich nun hinaus

Auf ihren rechten Weg gebracht;

Nun hurtig, eh' noch And're kommen,

Nicht immer wird dies Mittel frommen!"

Es tritt der alte Wirth heran:

„Du, Heinrich, führst die Männer an,

Die hier zu Land geächtet sind,

Du leitest sie auf sich'rer Bahn,

Auf daß kein Spürhund fange Wind.

Am ersten schönen Lenzestag,

Sobald der Fluß vom Eise frei,

Entfliehn wir, was auch kommen mag,

Des Vaterlandes Tyrannei.
Wir wandern ohne Lust und Klagen
Wenn der erwähnte Morgen schimmert;
Es sind die Schiffe schon gezimmert,
Die uns zum Inn hinuntertragen." —
„Ich halte, was ich einst versprochen",
Spricht Heinrich, „mein ist die Gefahr;
Ich habe nie mein Wort gebrochen,
Und freudig führ' ich diese Schaar.
Ich bin ja selbst der Acht geweiht.
Doch sind wir erst in Sicherheit,
Such' ich nach einem stillen Dache,
Ich bleib' von Eurem Schwarm zurück,
Zu stehn als eine feste Wache
Für uns'rer Heimat künftig Glück.
Vielleicht, daß nach des Unglücks Jahren
Noch mancher Bruder unversehrt,
Wenn auch gebeugt, mit weißen Haaren
Zum Vaterhause wiederkehrt. —
Ihr meint, es sei der Liebe Noth,

Die mich gelegt in ihren Bann?
Bedenkt, ein Weib, das lieben kann,
Befolgt des Mannes streng Gebot.
Die Liebe nicht — mich bindet nur
Ein andres Drängen der Natur;
Ihr wißt, mein Vater liegt in Ketten,
Ich kann allein ihn nicht erretten,
Auch Ihr zusammen könnt es nicht;
Die Macht ist ein zu schwer Gewicht.
Und stirbt er, stehl' ich seine Leiche,
Sie soll im Schatten einer Eiche,
Wo er gewirkt mit festem Thun,
In unserm Vaterlande ruhn. —
Doch wird des Henkerbischofs Macht
Nicht mehr von langer Dauer sein;
Mit ihr stürzt plötzlich über Nacht
Des Kanzlers wilde Herrschaft ein.
Zieht hin bis zu dem kalten Nord,
Und wandert an der Schiffe Bord
Hinüber nach Amerika!

Ich bleibe meinen Bergen nah',
Kann ich sie uur von Ferne sehn,
Werd' ich einst gern zu Grabe gehn.
Noch lebt mein Vater, und vielleicht,
Daß er dem Kerker noch entweicht!
Dann soll in ruhigem Genießen
In seines Sohnes stillem Hauf'
Er seiner Tage Rest beschließen." —
Nun bricht ein stürmisch Rufen aus:
„Du, Bruder Heinrich, darfst nicht glauben,
Daß Einer seine Treue bricht.
Wir halten es für Bundespflicht,
Ihn aus der Feinde Hand zu rauben."
Eindrängend wirft der Alte hin:
„Es soll geschehen, was wir können,
Eh' wir hinaus vom Lande ziehn;
Dein Glück wird Keiner Dir mißgönnen.
Doch nun zunächst den sichern Rath,
Der uns bestimmt zur festen That.
An Einem Tage ziehn wir fort

Vom Vaterhaus und Heimatort;
Du, Heinrich, wirst die Schüsse hören,
Sie werden donnern durch die Gau'n;
Du wirst die Feuerzeichen schau'n,
Die rauchend auf den Bergen flammen.
Ihr findet Euch im Wald zusammen,
Der hinterm Werfnerschloß beginnt.
Hast Du gesammelt Deine Leute,
Seht, wie die Grenz' Ihr rasch gewinnt.
Von Allen nun empfängst Du heute
Als Bundesfreund den letzten Gruß;
Es komme, was da kommen muß.
Wohl möglich, daß im Bayerland
Wir uns noch einmal wiedersehn;
Wie Alles wird zu Ende gehn,
Das liegt allein in Gottes Hand.
Doch ist die Zukunft auch verhüllt,
Der Bund hat seine Pflicht erfüllt!" —
„Der Bund hat seine Pflicht erfüllt!"

Ruft plötzlich jetzt ein Greis dazwischen,

In dessen Blicken ernste Glut,

Und sanfte Heiterkeit sich mischen.

„Beschlossen ist's und so ist's gut!

Doch, daß am Schlusse kein Verdacht,

Den festen Plan zu Nichte macht,

Erhebt das Glas mit frischem Wein,

Und führt es Mann an Mann zum Mund,

Dann leise, leise stimmet ein:

‚Gott schenke Glück dem alten Bund!'

Nun lenkt das Wort in andre Gassen! —

Seht Euch die frischen Mägdlein an,

Seht auch die flinken Bursche dran,

Wie sie die Hüften gierig fassen!

Horcht, Geig' und Flöten schallen wieder,

Wir trugen auch einst jung Gefieder,

Und flogen aus zu jeder Lust;

Es tanzt sich gut mit freier Brust.

Hei! wie das schwärmt und jauchzt und singt,

Daß es durch alle Glieder dringt;

Je nun, was w i r nicht mehr im Stande,

Das sollen einst im fremden Lande,

Wenn wir in kalter Erde ruhn,

Noch Kind und Kindeskinder thun."

Neunter Gesang.

Die Auswanderung.

Die Stricke los, die Ruder an!
So schallt es an der Salza hin.
Am Ufer schaukelt Kahn an Kahn,
„Lebt wohl! Nun heißt es weiter ziehn!"
Der Eine ruft's, durchzittert ganz
Vom tiefen Ernste des Geschick's,
Der Andere ruft es frohen Blick's,
Als ging's zu Hochzeitsschmaus und Tanz.
Vom Land zum Fluß, vom Fluß zum Land
Ertönt ein Jubeln und ein Klagen,
Das über Wald und Felsenwand
Zur Ferne hin die Lüfte tragen.

Beladen mit den Bündeln schwer,
In ihren Sonntagsstaat gekleidet,
Ziehn Mädchen nach dem Ufer her,
Zum ersten Mal wohl unbeneidet.
Sie wandeln still zum Fluß herab,
Und ernste Mütter folgen ihnen;
Der Schmerz verräth in ihren Mienen,
Daß sie von ihrer Kinder Grab
Den letzten Abschied erst genommen.
Wie langsam sie zum Ufer kommen,
Schließt, seines eignen Leids bewußt,
Der Mann das Weib an seine Brust.
Es spiegelt sich das volle Leben
Im schnellen Fluße schwankend wieder,
Und mit dem Spiel der Wogen schweben
Die bunten Bilder auf und nieder.
Darüber gießt der Sonne Schein
Des Morgens hellsten Strahl hinein;
Ein Zauber scheints der Phantasie:
Solch' Schauspiel sahn die Berge nie. —

Weit in gemeff'ner Ferne ftehn

Vom Volk der Wandrer kaum gefehn,

Des Bifchofs Söldner Arm an Arm;

Sie fchau'n gedrängt, ein fefter Schwarm,

Wie auf Befehl in ernfter Ruh

Der Wand'rung regem Treiben zu.

Woran die Zunge doch gewöhnt,

Sie rührt fich heute nicht zum Spott,

Wenn's von dem Strand hinüber tönt:

„Ein' fefte Burg ift unter Gott!" —

Nun von den Bergen knallt's auf's Neue,

Die Grüße find's, die Freundestreue

Den Scheidenden zum Zeichen fendet,

Daß nicht den Sinn der Glaube wendet.

Aus fernen Wäldern raucht's empor,

Die Feuer züngeln frifch hervor

Und donnernd hallt es, Schuß auf Schuß;

Es bringt die Luft in Schall und Flammen

Des Vaterlandes letzten Kuß.

Von allen Nachen klingt's zufammen:

„Mit unsrer Macht ist nichts gethan,

Wir sind gar bald verloren,

Es streit' für uns der rechte Mann,

Den Gott selbst hat erkoren!" —

Nun lösen sich die ersten Schiffe

Vom heimatlichen Strande los,

Der Schiffer reißt ein Stückchen Moos,

Ein Büschchen Thymian vom Riffe,

Daran er knapp vorüber streicht,

Ein letztes karges Unterpfand

Vom schönen, alten Vaterland.

Bald sieht er fern zurück ihn liegen,

Den Platz, wo er das Schiff bestiegen,

Und ungehört empfängt die Luft,

Was er zurück den Brüdern ruft;

Indessen Andre zagend weilen,

An's Ufer festgestemmt den Fuß,

Um hier und dort den letzten Gruß

Noch zu empfangen, zu ertheilen.

Nun weint der Bursche, der vom Blick

Des heiß geliebten Mädchens scheidet;
Das Mädchen weint, dem das Geschick
Des Lebens schönsten Traum verleidet.
Und Männer, die sonst trotzig stehn,
Mag auch das Schrecklichste geschehn,
Sie drücken fest an's Aug die Hand,
Erkennend, daß ihr Vaterland
Sie nimmer, nimmer wiedersehn.
Nur Mancher, dem die Heimat stets
Verachtung, Kummer, Noth gegeben,
Hofft auf ein menschliches Gesetz,
Und freut sich auf ein neues Leben.
Doch fährt er noch so froh dahin,
Mit ihm wird auch das Heimweh ziehn,
Ein Sehnen, dem kein andres gleicht;
Ihm unterliegt der stärkste Mann, —
Ein Zauber, der das Herz erweicht,
Den keine Krone lösen kann.
Mag er das beste Glück auch finden,
Er wird im neuen, fremden Land,

Wenn sonst ihm jeder Kummer schwand,
Dies heilige Gefühl empfinden.
Der Heimat Berge werden spät
Im Traume noch dem Geist erscheinen,
In alter, hoher Majestät.
Im Traume wird er stöhnend weinen;
Und wacht er auf zum neuen Tag,
Er weiß nicht, wie er's wenden mag,
Was tief sein Inn'res so verstimmt,
Daß er an seines Glückes Schein
Nun keinen warmen Antheil nimmt;
Der Tag wird ein verlorner sein.

Nun zieht das letzte Schiff dahin,
Es steht der alte Wirth darin,
Aufrecht mit zweien der Genossen.
Seit er der Mutter einst zum Grab'
Als Jüngling das Geleite gab,
Hat Thränen nie sein Aug' vergossen.

Doch heute perlen sie herab
Auf seine tief gefurchten Wangen.
Er drückt den Hut sich in's Genick,
Sucht noch mit einem letzten Blick
Der Heimat Berge zu erlangen.
Dann setzt er still sich auf das Brett,
Wischt mit dem Tuche sein Gesicht,
Schaut aufwärts zu der Sonne Licht,
Hinab dann nach des Flusses Bett,
Nimmt fest das Ruder in die Hand,
Und fährt aus seinem Vaterland.

Zur selben Zeit aus Werssen ziehn
Zwei Menschen nach dem Walde hin;
Ein Greis, das ernste Haupt geneigt,
Den ein Soldat am Arme führt,
Deß' braunes Röckchen, wohl verschnürt,
Den Sohn des Ungarlandes zeigt.
Der Greis hemmt plötzlich seinen Fuß,
Er fragt: „Was soll der Lärm bedeuten?

5*

Von oben hör' ich Schuß auf Schuß,
Von unten Sang von vielen Leuten!"
Der Andre lispelt: „Seid besonnen,
Und schweigt, bis wir die Höh' gewonnen."
Da senkt der Greis sein weißes Haupt,
Murrt vor sich hin: „Ich hab' geglaubt,
Weil ich empfand den frischen Duft,
Es müßte schon der Freiheit Luft
Das arme Vaterland zu retten,
Sich über uns're Berge gießen."
Unwillig schüttelt er die Ketten,
Die seine Hände noch umschließen.

Sie wandeln durch des Waldes Nacht.
In einer breiten Lichtung sehn
Sie einen Mann in Bauerstracht
Von edler Haltung vor sich stehn.
Der ruft, als der Soldat ihm naht:
„Gott mög' Euch lohnen Eure That!

Ist Sünde sie, muß er verzeihn;

Drei Menschen haben sie gebüßt,

Ihr könnt aus jeder Sorge sein.

Nun, alter Vater, seid gegrüßt!" —

„Um Gott, seid Ihr es, Herr Kaplan?"

Spricht nun der Greis, und hält ihn an.

„Ach, Vater Anton! Wißt ihr nicht,

Verfiel mein Heinrich dem Gericht?

Ist er in böse Hand gerathen?"

Da hebt der Priester sein Gesicht,

Und wendet es nach dem Soldaten,

Drückt ihm nach deutscher Art die Hand,

Zieht von dem Finger einen Ring:

„Nehmt ihn als meines Dankes Pfand;

Und merkt Euch nur, daß ich ihn trug,

Seit mir ein treues liebes Wesen

In's Herz die tiefe Wunde schlug,

Davon es heute nicht genesen." —

„Ach, Herr", erwidert der Soldat,

„Ihr schätzt zu theuer, was ich that!

Wie wird es meinem Vater gehn?
Es ist nun manches Jahr verflossen
Und Thränen hab' ich viel vergossen:
Ob ich ihn werde wiedersehn?" —
„Ihr habt so christlich an dem Sohn
Des guten Mannes hier gehandelt;
Es wird Euch sicher Gottes Lohn,
Wohin Ihr auch im Leben wandelt.
Sein Segen wird sich offenbaren.
Lebt wohl! Vielleicht in spätern Jahren,
Sprecht Ihr noch einmal bei mir ein;
Stets soll mein Haus Euch offen sein.
Dann schaut Ihr wohl auch ohne Waffen
Mit mir das Glück, das ihr geschaffen."
Nun scheidet der Soldat und schleicht,
An Geist und Herzen neu gestärkt,
An's Ufer hin, wo unbemerkt,
Er seiner Brüder Schaar erreicht.
Der Priester setzt sich mit dem Alten,
Im Schatten einer Eiche nieder,

Späht, ob er sicher könne schalten,

Befreit des Greises wunde Glieder,

Birgt Kett' und Feil' in Waldesnacht,

Hängt um die Schultern ihm den Rock,

Den er zum Zwecke mitgebracht,

Drückt in die Hand ihm einen Stock,

Auf's Haupt ihm einen breiten Hut,

Und spricht: „Nun, Vater, frischen Muth!"

Zehnter Gesang.

Ueber die Grenze.

Die Beiden wandern rüstig fort,
Bergauf bergab, thalaus thalein,
Durch Fichtenwald und Buchenhain,
Sie sprechen nicht ein einzig Wort.
Nur selten unterbricht die Hast
Aufsprudelnd klar ein Felsenquell;
Sie schlürfen seine Labung schnell,
Und wandern fort nach kurzer Rast,
Bis schärfer weht der kühle Wind,
Bis sie den Höhen nahe sind. —
Wo sich der steile Bergpfad wendet,
Da hören sie von Neuem Schüsse;

Doch sind es nicht die Abschiedsküsse,

Von Freunden durch die Luft gesendet —

Sie hören's knallen, wie im Kampf,

Tief unten weht's wie Pulverdampf,

Und wie das Ohr nun lauschen will,

Wird plötzlich Alles wieder still,

Bis es von fern sich knisternd regt,

Als wär's ein Schwarm, der auf der Flucht

Sich durch Gestrüpp und Felsenschlucht

Zurück in's Salzathal bewegt. —

Erreicht ist nun die Grenze bald,

Da plötzlich aus dem dichten Wald

Ertönt ein lauter Freudenschrei;

Ein schönes Mädchen stürzt herbei,

Und küßt dem Alten Mund und Hand,

Indem sie „Vater! Vater!" ruft.

Sie faßt und hält ihn am Gewand,

Schaut selig in die blaue Luft,

Als wollte sie des Himmels Segen,

Das Herz des Vaters zu bewegen,

Herab aus seinen Höhen ziehn;

Dann strahlt verklärt ihr Blick auf ihn.

Zwei holde Kinder folgen drauf

Der lieblichen Erscheinung nach,

Sie rufen, flehn und stöhnen: „Ach!"

Ermüdet von dem raschen Lauf.

Sie nähern sich, es zerren Beide

Der Schwester gleich an seinem Kleide,

Schau'n zu ihm auf so unschuldsvoll.

Er weiß nicht, was dies Alles soll,

Doch läßt er gern auf ihren Mienen

In stillem Schau'n sein Auge weilen.

Nun, während seine Hand nach ihnen

Sich hebt, den Segen zu ertheilen,

Fliegt mit der Freude hellstem Ton

An seines Vaters Brust der Sohn. —

Ein Lärm ertönt, sie späh'n zurück,

Schau'n, wie sich Männer drängend nahn.

Bald wächst die Zahl zu Hundert an,

Davon der Greis noch Viele kennt,

Die freundlich er mit Namen nennt.

Sie Alle stürmen auf ihn ein,

Als sollt' er Jedem Vater sein.

Wenn Mancher auch vom Kampf die Wunde

An seinem Körper blutig trägt,

Doch Keiner ist, der diese Stunde

Des Körpers Qualen mißt und wägt.

„Ach Vater, das ist Gottes Segen!"

Ruft Heinrich. „Wie seid Ihr entronnen?" —

„Mein Sohn", spricht ihm der Greis entgegen,

„Was hat im Lande sich entsponnen,

Was drängt sich Alles so zu mir?

Was wollen diese Männer hier,

Was diese Mädchen lieb und gut?

Sie schmeicheln in mein Herz sich ein.

Mir altem Manne sinkt der Muth!"

Der Sohn fällt ihm beseligt ein:

„Die Männer hab' ich an die Grenze,

Der Pflicht des Bundes treu geführt.

Ihr wußtet ja, daß sich im Lenze

Die frische Saat der Freiheit rührt.

Wir haben noch einmal gekämpft,

Und unsern Feind zurückgeschlagen,

Davon wir auch die Zeichen tragen.

Doch half der Herr uns aus der Noth.

Von drüben nur fiel Einer todt.

Ich kannt' ihn, den traf das Gericht,

Es war ein schlechter, falscher Wicht. —

Das Mädchen hier ist meine Braut,

Und ihre Schwestern sind die Kleinen.

Ihr kennt Marie! Ich sag' es laut:

Will Euer Segen uns vereinen,

Wird sie als Weib mir angetraut.

Sie ist katholisch, doch ihr Leben

Ist sie bereit, für mich zu geben."

Nun tritt der Priester aus dem Kreise,

Nimmt, ob er auch in Bauerstracht,

Die Stola, die er mitgebracht,

Und fragt nach kirchlich strenger Weise:

„Ist etwas, das entgegenstände?"

Und da, wohin sein Blick auch dringt,

Kein Mund ein Wort entgegenbringt,

Verbindet er der Beiden Hände,

Und spricht: „Nun, Vater, gebt den Segen,

Der sie beschütz' auf ihren Wegen!"

Der Alte thut nach seinem Wort,

Und kräftig fährt der Priester fort:

„Willst, Heinrich, Du Marie zum Weib?

Willst Du, Maria, diesen Mann,

Daß Eins Ihr seid an Seel' und Leib,

Und Euch der Tod nur trennen kann?"

„Ja, ja!" ruft Heinrich, „sie sei mein!"

„Ja!" fällt das Mädchen schüchtern ein.

Im Herzen froh spricht der Kaplan:

„Ich hab' der Zeugen hier genug!

Hier ist nicht List, nicht Lug und Trug,

Ich nehm' es als geschehen an.

Mög' Euch der Glaube nie zerspalten,

Wie er dies schöne Land getheilt;
Mög' Glück und Frieden bei Euch walten,
Wenn Ihr am neuen Herde weilt!"
Nun zieht er ein Papier hervor:
„Nehmt hier von meiner Hand den Schein,
Er wird Euch einst von Nutzen sein!"
Und blickt zum Himmel ernst empor.

Geknüpft ist fest das schöne Band,
Und Heinrich spricht zu den Genossen:
„Zieht froh hinab zum Donaustrand!
Wir Alle sind hinausgestossen
Aus unserm schönen Vaterland.
Im Thale drunten steht mein Haus.
Wenn Einer jemals wiederkehrt,
Er findet mich, Jahr ein Jahr aus,
Des Namens meines Vaters werth.
Als treuer Wächter bleib' ich hier,
Ein Jeder hört zuerst bei mir,

Wie's in dem Vaterlande geht,

Und wie die Luft darinnen weht.

Mög' über Euch die Gottheit walten,

Bringt unsre Grüße noch dem Alten!"

Nun ziehn des Bundes Brüder fort:

Es bleibt nur eine kleine Zahl

Zur Wand'rung übrig nach dem Thal;

Da nimmt der Priester noch das Wort:

„Ihr zieht nun auch zum Land hinaus,

Dort unten, Vater, steht das Haus,

Das mit den Kindern Euch vereint.

Wenn es auch dürftig Euch erscheint,

Ihr bleibt dem Vaterlande nah.

Nur sagt, entspricht es Eurem Willen?"

Und freudig ruft der Alte: „Ja!"

Ich dankt' Euch lange schon im Stillen

Für Eure Hülfe, Euern Rath;

Ich bin nicht würdig Eurer That.

Doch Herr, verlaßt uns heute nicht!

Führt uns zur neuen Heimat ein,

Es wird des Hauses Segen sein!"
Lang sinnet der Kaplan und spricht:
„Den Abend will ich gern Euch weihn,
Dann ruft zurück mich meine Pflicht."
Nun wandeln sie durch Feld und Wald
Hinab in's Land und schauen bald
Vor sich im Thal ihr neues Haus.
Marie und Heinrich gehn voraus,
Die Arme liebend fest verschlungen,
Noch denkend an das tiefe Weh,
Das nach dem Tag am Alpensee
Auf ihr Gemüth hereingedrungen,
Und denkend an ihr junges Glück. —
Nur manchmal blicken sie zurück.
Die beiden Kinder folgen ihnen,
Leicht hüpfend auf der schmalen Bahn,
Und langsam mit verklärten Mienen
Der gute Greis und der Kaplan.